# CATALOGUE

### DE LA 2ᵉ PARTIE

# D'OBJETS D'ART

## ET DE HAUTE CURIOSITÉ,

### DONT LA VENTE AURA LIEU

Pour cause de fin de bail et du départ pour l'étranger
de Mlle D. RONDEAU,

# RUE SAINT - LAZARE, 59,

*Les Lundi 17, Mardi 18, Mercredi 19, Jeudi
20 Mars 1845 et Jours suivans,*

### HEURE DE MIDI,

Par le ministère de Mᵉ DUCROQUET, Commissaire–Priseur,
rue de Provence, 46,

Et de Mᵉ DUBOC, son confrère, rue Laffitte, 45,

Assistés de M. THÉRET père, Expert de la Chambre des
Commissaires-Priseurs, rue des Saints-Pères, 38,

### CHEZ LESQUELS SE DISTRIBUE LE PRÉSENT CATALOGUE.

---

## EXPOSITION PUBLIQUE

*Les Samedi 15 et Dimanche 16 Mars, de midi à 4 heures.*

---

## 1845.

Imprimerie de Madame DE LACOMBE, rue d'Enghien, 12.

# CATALOGUE

#### DE LA 2ᵉ PARTIE

# D'OBJETS D'ART

## ET DE HAUTE CURIOSITÉ,

### DONT LA VENTE AURA LIEU

Pour cause de fin de bail et du départ pour l'étranger
de Mlle D. RONDEAU,

## RUE SAINT-LAZARE, 59,

*Les Lundi 17, Mardi 18, Mercredi 19, Jeudi
20 Mars 1845 et Jours suivans,*

#### HEURE DE MIDI,

Par le ministère de Mᵉ DUCROQUET, Commissaire-Priseur,
rue de Provence, 46,

Et de Mᵉ DUBOC, son confrère, rue Laffitte, 45,

Assistés de M. THÉRET père, Expert de la Chambre des
Commissaires-Priseurs, rue des Saints-Pères, 38,

#### CHEZ LESQUELS SE DISTRIBUE LE PRÉSENT CATALOGUE.

---

## EXPOSITION PUBLIQUE

*Les Samedi 15 et Dimanche 16 Mars, de midi à 4 heures.*

---

## 1845.

# DÉSIGNATION

# DES OBJETS.

---



MEUBLES ANCIENS EN BOIS SCULPTÉS, EN BOIS
DE ROSE, EN MARQUETERIE DE CUIVRE SUR
ÉCAILLE ET EN LAQUE DE CHINE.

1    Une grande Armoire flamande avec socle et
corniche cintrée, à portes pleines et panneaux
ressortants, ornée de chapiteaux et ornemens
sculptés en relief.

2    Une petite Armoire à deux corps, la corniche
est supportée par deux enfans et caryatides
dans le bas, les portes sont pleines, ornées d'un
blason dans le haut, et sujet de sainteté dans la
porte du bas.

3    Une petite Armoire, pendant du précédent.

4    Une belle Armoire, portes cintrées, avec socle et corniche à double frise, caryatides et moulures en bois sculpté.

5    Une belle Armoire, pareille à la précédente.

6    Un beau Dressoir à deux corps, à trois tablettes supportées par deux enfans, orné d'une belle frise dans le haut ; le soubassement est supporté par des colonnes torses, et orné de frises et de panneaux en bois sculpté.

7    Un autre Dressoir à deux tablettes, supporté par deux pieds tors et panneaux en bois sculpté.

8    Un beau Piano du nom de M. J. Herz, en bois sculpté.

9    Un beau Lit en bois sculpté, la corniche est supportée par des colonnes torses, le dossier orné de jolies colonnes à jour, et d'une bonne exécution.

10    Un joli Meuble ancien en quatre parties, trois portes et trois tiroirs , supporté par des colonnes unies et incrustations en marqueterie de bois.

11    Une belle Stalle en bois sculpté.

12    Un Prie-Dieu, formant armoire.

13    Un joli petit Cabinet à colonnes, avec panneau et têtes en relief.

14 Une grande Glace, avec un cadre ancien en bois sculpté, garni de velours rouge.

15 Une Cheminée en bois sculpté.

16 Une grande Armoire à porte cintrée et à glace, ornée de caryatides et frises en bois sculpté.

17 Un Lit de repos avec dossier et moulures en bois sculpté.

18 Un Cadre ancien en bois sculpté.

19 Une grande Colonne torse, supportée sur son socle à moulures, ornées de feuilles de vigne et oiseaux sculptés.

20 Une grande Table, supportée par quatre balustres en bois sculpté.

21 Une autre à pieds tors, recouverte en velours rouge.

22 Une autre à pieds tors, recouverte en velours rouge, plus petite.

23 Une autre à pieds tors, unie.

24 Trois grands Fauteuils foncés en canne, dossiers à jour et riches de sculpture.

25 Trois autres grands Fauteuils couverts en étoffe de soie fond vert.

26 Huit Chaises à pieds tors, dossier carré, couvertes en velours vert.

27 Deux Chaises et un Fauteuil couverts en velours vert, riches de sculptures avec blason.

28    Deux Fauteuils forme carrée, en bois sculpté, couverts en velours rouge.

29    Deux Chaises à grand dossier en bois sculpté, couvertes en velours rouge.

30    Deux Chaises plus petites, dossier en bois sculpté, couvertes en velours rouge.

31    Deux Chaises, plus petites, dossier en bois sculpté, couvertes en velours rouge.

32    Un Ecran, garni d'étoffe de soie, en bois sculpté.

33    Un Miroir triangle, en bois sculpté, monté sur pied tournant.

34    Un Tabouret et deux petits de pied, à pieds tors, couverts en velours rouge.

35    Six petites Consoles anciennes, en bois sculpté.

36    Un petit Coffre en bois sculpté, ouvrage fait par des moines.

37    Deux Etagères à colonnes torses, garnies en velours vert.

38    Trois Etagères, plus petites.

38 bis    Une Commode en bois de palissandre, forme tombeau, enrichie de bronze.

## MEUBLES EN BOIS DE ROSE.

39  Un Bonheur du Jour formant Bureau, en bois de palissandre orné de six plaques en porcelaine de Sèvres, fond turquoise et médaillons de fleurs.

40  Un petit Bureau en bois de rose, orné de onze plaques, fond turquoise à médaillons, garni en bronze doré. Une petite Table à ouvrage, en bois de rose et marqueterie dessus, montée en bronze doré.

41  Une petite Commode à trois tiroirs, en marqueterie de bois, dessus en marbre blanc avec galerie en bronze.

42  Deux petites Encoignures Etagères, en bois de rose, avec filets en cuivre.

## MEUBLES EN MARQUETERIE DE BOULE
## ET AUTRES.

43    Un grand Meuble à hauteur d'appui en marqueterie de Boule, à trois ventaux, porte pleine au milieu, ornée de bronze, et à dessus de marbre en vert-de-mer.

44    Un Bureau à quatre faces en marqueterie de cuivre et d'écaille, monté en bronze.

45    Une grande Bibliothèque en marqueterie de Boule, porte pleine par le bas et vitrée par le haut, avec socle, corniche et double frise, ornée de bronze.

46    Une petite Console en marqueterie de cuivre et d'étain avec tiroirs, dessus en marbre brêche d'Alep.

47    Un Tabernacle en marqueterie de cuivre et d'étain, forme gothique, orné de gravures, écaille et bronze.

48    Un Cabinet en laque de Coromandel, supporté sur son pied ployant.

49    Une petite Armoire en laque de Chine avec riches garnitures en cuivre doré.

50 Une grande Pendule, de forme cintrée, en
marqueterie d'écaille et cuivre, ornée de bronze.

51 Un Encrier en marqueterie.

----

## MEUBLES DE SALON, GLACES, BORDURES
## ET MEUBLES ANCIENS.

52 Un Meuble de salon en bois doré, style
Louis XV, recouvert en damas de soie rouge,
composé de six fauteuils et un canapé, en bois
doré.

53 Une riche Console en bois sculpté et doré
couverte en velours rouge à franges dorées.

54 Un Ecran en bois doré avec tapisserie.

55 Une grande et belle Glace portant 1 mètre
80 centimètres de hauteur sur 83 centimètres
de largeur, avec une riche bordure en bois
sculpté et doré, style Louis XV.

56 Une petite Causeuse en bois doré, style
Louis XV, couverte en lampas avec ses deux
coussins.

57 Six petits Fauteuils en bois doré, couverts
en étoffes de soie variées.

58 Deux Ganaches couvertes en riche étoffe de soie à fleurs avec franges.

59 Un Ecran en bois doré et étoffe de soie bleue.

60 Une Glace de Venise, à biseaux, avec riche bordure à jour et ornemens en bois sculpté et doré, représentant Junon, Mars et Vénus.

61 Un Lustre en bois doré, à huit branches, style de Boule.

62 Trois autres riches Bordures de glace, style Louis XV, qui seront vendues séparément.

63 Un petit Cadre ancien en bois sculpté et doré, avec figure d'enfant et blason.

64 Un Reliquaire en bois doré avec clochetons.

65 Quatre petites Etagères à consoles torses, en bois doré, garnies en velours bleu, avec franges dorées.

66 Un Divan avec ses trois coussins, couvert en étoffe de soie ancienne rose.

67 Un grand Cabinet, écaille et ébène, avec médaillons peints sur albâtre, supporté par une console en bois d'ébène à colonnes torses.

68 Un Miroir, cadre en ébène.

69 Un intérieur de Cabinet ancien du temps de Louis XIII, avec incrustations d'ivoire représentant divers animaux, et un des travaux d'Hercule.

70 Un autre petit Cabinet, même époque, garni

de beaucoup de tiroirs, avec incrustations et ornemens en ivoire, supporté sur une petite table à colonnes torses.

71 Un intérieur de Cabinet avec quatre tiroirs ornés d'incrustations d'ivoire et de plaques en écaille.

72 Un Coffre en écaille orné de mascarons et d'ornemens incrustés en nacre de perle sur écaille. Le sujet du dessus est le triomphe d'Amphytrite, et l'intérieur est à compartimens ornés d'une glace.

73 Un Coffre en marqueterie et nacre de perle représentant des fleurs.

74 Un Coffre laque de Chine burgotté.

75 Un Coffre à thé moderne, garni en bronze doré et d'une théière en cristal.

76 Une Cave à liqueurs en palissandre avec filets en cuivre.

---

## ALBUMS.

77 Vingt-deux Albums parmi lesquels dessins,

costumes et supplices chinois, vues et paysages
de Carelli.

Le mariage du roi de Hongrie, etc.

## PLAQUÉ.

78    Un Thé complet composé de quatre pièces et
un plateau.

Deux Réchauds avec leurs Cloches.

Deux Bouts-de-table et quatre Salières.

Neuf Huiliers, quatre Porte-Carafes deux Cafe-
tières.

Un Manche à gigot, une Ménagère, un grand
Plateau et une paire de Mouchettes.

## PORCELAINES DE SÈVRES.

79    Une belle Jardinière fond turquoise : deux
Médaillons, dont un d'après Watteau.

80    Une grande Pendule à cadran tournant.

forme de vase en porcelaine de Sèvres, fond
turquoise, avec deux médaillons dont un d'après
David Teniers, le socle est également garni de
plaques de Sèvres à médaillons, le tout richement monté en bronze doré.

81  Deux Vases en porcelaine de Sèvres, fond
turquoise, en deux parties, décors à rubans
montés en bronze doré.

82  Deux belles Corbeilles fond turquoise, ornées
de fleurs, supportées par deux socles avec plaques de Sèvres, montées en bronze doré.

83  Une Écritoire à trois compartimens, décors à
rubans, montée en bronze doré.

84  Une Coupe fond turquoise, avec médaillons
de fleurs, montée en bronze doré.

85  Un grand Plateau à galerie à jour, fond turquoise, avec médaillons à fleurs, fracturé.

86  Un petit Cabaret fond turquoise, à médaillons
d'amour et fleurs, composé de quatre pièces et
un grand plateau.

87  Une grande Verrière fond vert, avec guirlande
de fleurs et médaillon.

88  Un Sucrier fond vert, avec médaillons de
fleurs.

89  Une Théière fond rose, à médaillons de fleurs.

90  Un Pot à crème fond bleu, à décors d'oiseaux,
fracturé.

91    Cinq Tasses fond vert, forme cul-de-poule, à
médaillons de fleurs et un Sucrier.

92    Une Tasse fond vert, forme litron, médaillons
de fleurs.

93    Une id.    id.    id.    anse cassée.

94    Un petit Pot à crème, fond bleu tendre.

95    Une petite Cafetière, fond blanc, avec semé
d'or.

96    Une Coupe fond blanc et turquoise, guirlande
de fleurs, médaillons d'oiseaux, montée en
bronze doré.

97    Une Tasse et Soucoupe, un petit Plateau galerie à jour, fond blanc, avec bouquet de roses.

98    Un grand Plateau fond vert, médaillon de
fleurs, galerie à jour, monté en bronze doré.

99    Une Assiette fond vert, médaillon à fleurs,
forme panier, montée en bronze doré.

100    Un Plateau fond vert, avec trois médaillons
d'oiseaux.

101    Deux Tasses fond bleu et blanc, forme litron, en pâte dure.

102    Deux Tasses fond bleu de roi, médaillons or.

103    Deux Tasses fond blanc, parsemées de bar-
beaux et roses.

104    Une Tasse sans Soucoupe, fond turquoise, médaillon de fleurs.

105    Une Tasse et sa Soucoupe, fond bleu de roi, médaillon à figure.

106    Deux Tasses et Soucoupes à filets bleus et rouges.

107    Une belle Tasse et sa Soucoupe, ancien Vincennes, médaillon d'oiseaux.

108    Une Tasse à la reine et sa Soucoupe, fond bleu de roi.

109    Une grande Coupe huit pans, fond turquoise, à médaillon, montée en bronze doré.

110    Deux petites Coupes de forme ronde, montées en bronze doré.

111    Un Vase à parfums, fond blanc, avec bouquets de roses.

112    Un petit Vase, forme Médicis, fond turquoise, médaillons de fleurs.

113    Deux Tasses et Soucoupes, fond turquoise, à médaillons d'oiseaux.

114    Une Tasse et Soucoupe, pâte dure, médaillons de fleurs.

115    Une Tasse et Soucoupe, fond jaune, guirlandes de fleurs et oiseaux.

116    Deux Moutardiers, fond blanc, filets bleus, médaillons d'amours.

117    Une Tasse, fond turquoise, médaillon, sujet pastoral.

118 Deux petits Pots à couvercles, fond turquoise et médaillons d'oiseaux et papillons.

119 Un Cabaret, fond rose, à médaillons d'oiseaux,
composé de cinq pièces et plateau.

120 Deux Vases, forme contournée, fond turquoise, médaillons de fleurs.

121 Huit Assiettes creuses, fond blanc et bords
roses, parsemées de fleurs.

122 Environ quinze pièces, grands Plats, Bols,
Plateaux, Compotiers, fond blanc, première
qualité, décor or à dentelle, et plusieurs pièces
déparcillées qui seront divisées.

123 Un Bougeoir monté en bronze doré, avec
fleurs.

124 Un Bourdaloue, fond bleu de roi, avec médaillon paysage.

125 Un Bougeoir avec son éteignoir, monté en
bronze doré, avec fleurs.

126 Un Lot de vieux Sèvres, Saladiers et Assiettes.

127 Trois Assiettes de Sèvres, feuilles de choux.

## PORCELAINES DE SAXE.

128    Un beau Lustre en bronze rocaille doré, avec fleurs en Saxe.

129    Une Glace, avec cadre, fleurs et ornemens en reliefs, porcelaine de Saxe.

130    Deux Vases, avec fleurs en relief, amour et zéphirs suspendus aux anses.

131    Un Groupe de trois figures. La Toilette.

132    Un Bout-de-Table avec figures.

133    Deux petites Figures d'enfans, à dentelles.

134    Une petite Figure, avec chien savant.

135    Une petite Fille faisant manger un chat.

136    Une Figure de Junon.

137    Un Bout-de-Table : le petit Bacchus.

138    Une Figure : le Chasseur.

139    Un grand Bout-de-Table : figure de Femme.

140    Une paire de Bras à deux lumières, avec groupes de deux figures : Chasseurs.

141    Un Bras à deux lumières : Pierrot et Colombine.

142    Un Flambeau de bureau, avec groupe de deux figures, monture rocaille en bronze doré et fleurs.

143    Deux petits Plateaux, bordures à jour et médaillons.

144    Un petit Bougeoir, avec fleurs et figures.

145    Une Figure à dentelle : la Collation.

146    Deux petites Figures : Homme et Femme.

147    Deux petites Figures à dentelle.

148    Un Pot à crême et une Cafetière médaillons,
sujet d'après Wouwermans.

149    Un Groupe de deux figures à dentelle. Dan-
sant.

150    Une belle Cuvette fond blanc, riche décor
à fleurs.

151    Un petit Vase, fleurs en relief, fond blanc et
bleu.

152    Une belle Tasse et sa Soucoupe, forme oc-
togone, avec médaillons imitant la mosaïque de
Rome.

153    Une belle Ecuelle, fond bleu, avec médaillons
d'après Watteau.

154    Une paire de Bras rocaille, en bronze doré
et à fleurs de Saxe.

155    Une paire de Bras rocaille en bronze doré
et à fleurs de Saxe.

156    Deux Candélabres à trois lumières, groupes
et fleurs en Saxe, monture rocaille en bronze
doré.

157    Une Figure d'homme : le marchand de ba-
lais, et une figure de Femme.

158    Une paire de Bras en ferblanc doré , et
fleurs de Saxe.

159    Un Flambeau garde-vue à deux lumières,
monture en bronze rocaille doré, avec perro-
quet et fleurs de Saxe.

160    Quatre belles Tasses et six Soucoupes en porcelaine de Vienne , avec médaillons parfaite-
ment conservés (cet article sera divisé).

161    Trois Tasses et leurs Soucoupes, fond blanc
avec bouquets de roses et fruits.

162    Une grande Soupière et son Plateau, avec
médaillon de fleurs.

163    Sept Assiettes, fond blanc, bordures à grains
d'orge et médaillons de fleurs.

164    Deux Tasses et leurs Soucoupes, fond vert
tendre et médaillons d'oiseaux.

165    Un Bol, avec décor d'oiseaux.

166    Un grand Plateau en porcelaine de Vienne,
avec médaillon richement décoré en or.

167    Deux très beaux Vases en Saxe. Diane et
Jupiter, sujet allégorique représentant la chasse
et la guerre.

168    Deux Groupes de quatre personnages : mu-
sicien et musicienne.

169    Deux Vases Saxe, fleurs et fruits en relief.

170   Une Fontaine formant tonneau, sur lequel
est un hussard et un petit amour.

171   Un Tête-à-Tête , vieux Saxe, avec jolies
peintures de fleurs.

172   Un Groupe d'enfans cueillant des cerises.

173   Deux Vases à fleurs, en porcelaine de Naples,
avec décor : costumes du pays.

174   Un Plateau avec médaillon en porcelaine de
Naples.

175   Quarante Assiettes en porcelaine de Naples,
représentant les fresques de Pompëi.

176   Vingt-quatre autres : costumes de Naples. Ces
articles ont été commandés par le roi de Naples.

177   Une petite Soupière et son Couvercle.

178   Un grand Vase en terre, forme Médicis, avec
vues d'Italie.

179   Un Vase en porcelaine, forme Médicis, et vues
d'Italie.

180   Six Assiettes en porcelaine de Naples : costumes du pays.

181   Six Tasses et Soucoupes : genre Etrusque.

182   Quatre Tasses et Soucoupes : genre Etrusque.

## PORCELAINE ANGLAISE.

183   Un Service complet à dessert et à thé en porcelaine anglaise, fond jaune, composé de : vingt-quatre Assiettes, douze Compotiers, vingt-quatre Tasses à thé et à café, une grande Théière, trois Sucriers, un Bol, un Pot à crême, une Corbeille à fruits.

184   Un autre Service rose, moins complet, en porcelaine anglaise.

185   Un autre Service bleu, moins complet, en porcelaine anglaise.

## PORCELAINES DE CHINE ET DU JAPON.

186   Un grand Bol en porcelaine de Chine, avec riches dessins.

187   Deux beaux Vases, fond bleu, avec riches montures anciennes, en bronze doré.

188   Un grand Vase, fond blanc, décors arabesques, montés en bronze doré.

189 Deux grands Vases, forme potiche, montés en bronze, sur leur socle en bois couvert en velours rouge. (Il manque un couvercle.)

190 Une Coupe montée en bronze doré.

191 Une Id.                Id.

192 Une Garniture de trois vases en porcelaine, bleu de Perse, montée en bronze doré.

193 Deux Cornets, bleu de Perse, montés en bronze doré.

194 Une Buire et deux Cornets en porcelaine de Chine, avec médaillons, montés en bronze doré.

195 Deux Vases, forme Lisbé, fond vert, décor moderne.

196 Une Corbeille de fruits, fond bleu turquoise, avec vase à parfums.

197 Deux petits Vases porcelaine de Chine, à médaillons.

198 Deux petits Vases, forme potiche.

199 Un grand Sucrier, fond chocolat, à médaillons.

200 Une petite Potiche en Japon.

201 Trois Saladiers en Japon.

202 Deux grandes Jardinières en porcelaine du Japon, montées en bronze, supportées sur pied en bois bronzé.

203  Environ cinquante-cinq pièces, Assiettes, Compotiers et grands Plats, en porcelaine de Chine et du Japon.

204  Huit Tasses et Soucoupes à chocolat, en porcelaine de Chine, dont quatre à anses.

205  Cinq Tasses et Soucoupes, en porcelaine de Chine laquée.

206  Deux petits Vases à anses. Chine.

207  Deux Gourdes, fond vert, décor moderne.

208  Un Vase fond blanc, décor bleu.

209  Une Soupière et son Plateau, fond bleu, décor moderne.

210  Une Tasse et Soucoupe et son Présentoir, porcelaine de la compagnie des Indes.

211  Une jolie Théière, porcelaine de Chine, avec médaillon très fin.

212  Une Fontaine, porcelaine de Chine.

213  Un Vase de nuit en porcelaine de Chine.

214  Une Fontaine.          Id.          Id.

## VERRERIE.

215    Huit Verres vin du Rhin, six Rinces-bouche
(verre de couleur) et leurs verres, six autres et
leurs verres gravés ; six grands Verres et deux
Compotiers gravés, trente-trois Verres à Bor-
deaux parsemés d'étoiles, gravés, quinze petits,
douze Verres à Champagne, sept Verres à Bor-
deaux, quatorze autres dépareillés, douze Verres
à Champagne, onze Verres eau sucrée, six Ra-
viers, trois Corbeilles à fruits, un Compotier,
deux Assiettes, deux Flacons, deux Pots pom-
made, un grand Bol de terre anglaise, avec son
Pot cassé

216    Quatre-vingt-dix-sept Bobèches dorées.

## BRONZES, PENDULES, BIJOUX ANCIENS, STA-TUETTES, BUSTES, TABLEAUX, MÉDAILLONS, ÉMAUX, COFFRES, TABATIÈRES ET OBJETS DIVERS.

217    Une paire de Candélabres dorés, à trois lumières, sujet pastoral.

218   Quatre paires de Bras de cheminée, dorés, anciens et modernes.

219   Deux autres paires en cristal de Bohème, montés en bronze.

220   Un Lustre en verre de Bohème, monté en bronze.

221   Une belle paire de Flambeaux à enfans, en bronze doré.

222   Une autre paire de Flambeaux rocaille.

223   Une autre paire de Flambeaux à enfans.

224   Une autre paire de Flambeaux, fleurs et figures de musiciens.

225   Trois petites paires de Flambeaux, style renaissance.

226   Une autre paire de Flambeaux, style de gouttière à dauphins.

227   Une autre paire de Flambeaux rocaille.

228   Deux Bougeoirs, dont un doré.

229   Une paire de Flambeaux, style Louis XVI, avec socles de marbre blanc et noir.

230   Une petite paire de Bras dorés, en forme de lustre, à cinq lumières chacun.

231   Un petit Lustre flamand en cuivre.

232   Deux Garnitures de feux.

233   Une Galerie en bronze doré et marbre blanc.

234   Une paire de Feux flamands.

235   Un magnifique Reliquaire du xvi<sup>e</sup> siècle, en ébène à moulures, orné de jolies figures et ornemens en argent repoussé, travail italien, enrichi de pierres précieuses, telles que lapis, jaspe et agate. Au milieu est une miniature ancienne représentant un Christ en croix. Nous engageons les amateurs à bien examiner cette pièce remarquable.

236   Un petit Calvaire en ébène, avec tous les attributs de la passion, en argent.

237   Un Cadre ancien en bronze doré, du temps de Louis XIV, renfermant un sujet mythologique en petites perles de Venise, et enrichi de jolis rubis et autres pierres fines, signé de Vely.

238   Deux petits Tableaux, sujets mythologiques, mosaïque en perles de Venise. Cet article est également signé.

239   Une Pendule en marbre blanc, avec mosaïque en relief de Florence en pierre dure, surmontée d'un groupe de bacchantes et satyres, d'après Claudion; riche monture en bronze doré.

240   Une paire de Candélabres à enfans, satyres d'après Claudion, en bronze doré, avec bouquets de roses, socles en marbre blanc et mosaïque en relief en pierre dure.

241   Un beau Coffre en mosaïque de Florence en relief et pierre dure, monté dans le goût du xv<sup>e</sup> siècle, riche de ciselures en bronze doré.

242  **Deux** Tableaux mosaïque en bois de rapport, représentant des paysages et marines, extrêmement remarquables, montés en bronze doré.

243  Une paire de Flambeaux en émail anglais.

244  Un Plateau en écaille, forme contournée, avec posé or et argent.

245  Un Encrier avec ornemens en corail, monté en filigrane d'argent et bronze doré, composé de quatre pièces et un plateau.

246  Deux Vases en ancienne faïence de Faenza, avec peinture d'après Rubens.

247  Un Vidercum en racine de Hongrie avec sculptures représentant une chasse au sanglier.

248  Un Plat en Faenza, sujet de la mort d'Adonis.

249  Un autre Plat de Bernard Palissy: le baptême de Saint Jean.

250  Un Vase et deux Coupes étrusques.

251  Une Marche de bacchantes, en terre cuite.

252  Huit Figures et Animaux en terre cuite, travail de Naples; qui seront divisés.

253  Un petit Cartel, style renaissance.

254  Environ quarante petites Statuettes, Bustes, Figures en bronze et bronze doré, ivoire et marbre, qui seront vendus sous ce numéro.

255  Un Émail de Limoges, dans son cadre en cuivre repoussé.

256    Une Coupe aussi en émail de Limoges.

257    Trois Couteaux à manches en porcelaine de Sèvres, montés en argent.

258    Dix-sept Manches de couteaux en agate.

259    Une Tabatière en porcelaine de Sèvres, montée en argent vermeil.

260    Une Tabatière en porcelaine de Sèvres, montée en argent vermeil.

261    Une Tabatière en porcelaine de Sèvres, montée en or.

262    Une Tabatière en écaille piquée d'or.

263    Une Tabatière en lapis, montée en vermeil.

264    Dix-huit Tabatières en émail, porcelaine, cuivre doré et nacre de perle, la plupart montées en argent, ornées de médaillons variés.

265    Une Croix russe, montée en vermeil.

266    Un petit lot d'Ornemens et Bracelets en corail.

267    Plusieurs petits Nécessaires en ivoire et émail.

268    Environ cinquante petits Tableaux sur toile et sur bois, Médaillons dans des cadres de cuivre doré et repoussé, qui seront vendus sous ce numéro.

269    Plusieurs lots de Verres gravés, Plateaux, Flacons et Verres de Bohême dorés, qui seront divisés et vendus sous ce numéro.

270   Une Gourde en coco sculpté, montée en argent.

271   Deux petites Colonnes d'architecture en marbre et ébène, surmontées de deux trophées en bronze.

272   Une Garniture de croisée, composée de huit vitraux, partie anciens.

273   Deux Vases en verre de Venise vert, montés dans le style renaissance, en cuivre doré, dont un cassé.

274   Sept Statuettes en argent, Tabatières en écaille et mosaïque.

275   Une Crèche en terre cuite dorée.

276   Une Pendule ancienne avec socle.

277   Une Boîte en acajou contenant 36 couteaux, 36 fourchettes à manches d'ivoire, garnis en argent.

278   Bijoux anciens, tels que Bagues, Camées, Pierres gravées, Mosaïque et autres matières précieuses.

278 *bis*. Une très-belle Coupe en cristal de roche, de forme contournée, montée partie or et partie argent, émaillée avec des grenats cabochons. Cette pièce est très-remarquable.

## TENTURES ET RIDEAUX.

279    Tentures du salon en damas rouge.

280    Tentures de la chambre à coucher en damas vert.

281    Tentures de mousseline, de percaline avec galons.

282    Tentures du boudoir en satin bleu.

283    Tentures de la salle à manger en cuir de Hollande repoussé d'or.

284    Rideaux en damas de soie rouge, brodés de galons d'or.

285    Rideaux en damas de laine vert.

286    Rideaux en quinze-seize bleu et marceline.

287    Rideaux en satin ancien, avec oiseaux, et doublés.

288    Rideaux de lit en lampas de trois couleurs.

289    Rideaux en taffetas vert, en velours et autres; une grande Couverture de satin blanc brodé des Indes, avec quatre gros glands, cordons de sonnette, embrasses.

## TAPIS.

290   Un Tapis de table, cachemire de l'Inde, brodé d'or.

291   Un Id.        Id. mérinos ponceau, brodé en soie, et une grande frange d'or.

292   Un Tapis de table, velours de laine rouge.

293   Trois grands Tapis d'appartement, etc.

294   Six autres petits en fourrure, dont deux en hermine.

## ETOFFES.

295   Étoffes de l'Inde, brodées d'or et d'argent.

296   Voiles, Dentelles d'Angleterre.

297   Coupons et pièces d'anciennes étoffes de soierie et autres.

298   Couvre-pieds brodés.

299   Douze Couvertures de chaises en tapisserie des Gobelins.

300   Sous ce numéro seront vendus tous les objets omis au présent Catalogue.

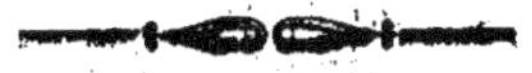

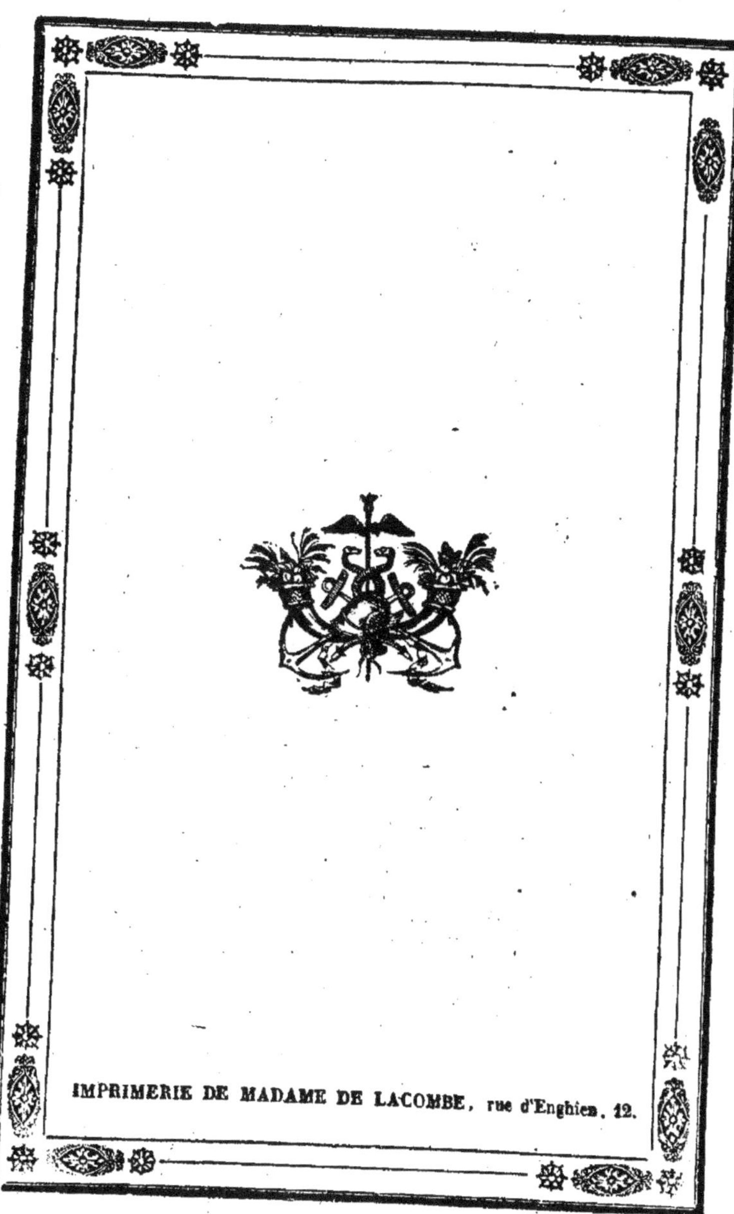

IMPRIMERIE DE MADAME DE LACOMBE, rue d'Enghien, 12.